봄낳이

봄 낳 이

최영희 제3시집

목차

1부

2부

3부

4부

5부

1부

꽃망울
- 아이의 마음

물방울 같아요

다섯 살 난 아이의 눈에 비친
살구꽃 꽃망울

아가야
네 눈으로 보면
꽃망울 터지는 소리
한바탕 소나기 되어
쏟아지겠다

봄 가뭄
황사바람도
여기서 쉬어가겠다.

광교산

광교산에 가면
아주 작은 물고기가
숨 쉬는 소리 들린다

어린 친구들의
종아리께로 숨어들던
너무 빨라서
그물 사이로 달아나 버리던
그 작은 물고기가
깨어나는 소리 들린다

물총새가
파란 날개로 날아가고
붉은 가슴 펄럭이며 날아오고
보일 듯
보일 듯이
짝을 찾아 나는
하늘빛 날갯짓
황톳빛 앞가슴 보인다.

맨발로 걷는 길

아직 어린데
한글을 깨친 외손자가
오늘은
광교산에 와서 길을 걷다가
할머니 여기보세요

맨발로 걷는 길

손으로 가리키며
신을 벗는다
할머니도 신 벗으세요
한다
아이처럼
신을 벗어들고 따라 간다

할머니의 얇은 고무신
신을 벗고 맨발로 걷던
돌부리 뿐인
마음의 길을 걷는다

졸졸
흐르는 물소리
가재도 잡고
신발에 가득히
민물고둥
다슬기를 잡던 옛날이
발아래 닿는 돌부리 끝에서
되살아난다

그 옛날
다시 오지 않겠지만
외손자의 기억 속에서
오늘은 또
먼 훗날의 옛이야기 되겠지
처음
한글을 깨쳤을 때 읽어본
맨발로 걷는 길
그리고 그 작은 발아래
닿았던 돌부리.

산딸기

처음
산에 가던 날
산딸기를 먹어 본
아이는
두 번째 가던 날
산딸기
하고
찾는다

그날
그 자리에 앉으면
생각나는
산딸기
산딸기라는 말

누가
가르쳐 주었을까
처음 먹어본
산딸기

기억하는 일

내년에
또 열릴 거야

내년이 언제인지
아직 모르는
아가의 산딸기.

귤꽃

꽃이 피었다

작은 손으로 가리키는
작은 별

하얀
아기의 손을 닮은
반짝이는
하얀 별

작은
별꽃이 피었다

추신

하얗게
꽃잎이 날리고
금귤 몇 개 익어간다.

물

작은
풋고추에 매워
물을 마신다

할머니
물!
팍팍
물은 매운 걸 이겨
들리지

할머니
이젠 안 매워

외손자가 떠다주는
물 한 컵
내 안에
맑은 물소리.

나무가 있는 길 · 1

새 아파트 사이로
나무가 있고
나무 사이로
아이를 따라서
걸어가고 있다

소나무
감나무
느티나무
저 큰 나무
서 있던 자리
그리고 떠난 빈자리
얼마나 클까

새 땅에
뿌리 내리려고
애쓰는 이 봄
나무는 그래도
잎을 피우고

꽃을 피우고 있다

나무가 있는 길
어린 외손자의
걸음마를 따라서
걸어가고 있다

뿌리내리려 애쓰는
나무 사이로.

나무가 있는 길 · 2

두고 온 땅의 감일까
새 땅의
감일까
열매가 붉다

아파트 사이로
어느 새
가을이 와 있다.

관음죽

두 돌맞이 외손자는
처음 가위질을 하느라
작은 가위로
나뭇잎을 자르며 논다
언젠가 내가 가지치기를 했더니
눈여겨보았던 것이다
무심히 내가 행한 일들이다

서울살이 시작되고
작은 베란다에서 베란다로
옮겨다닌 관음죽이
이제 여러 포기로 불어나
화분에 넘친다
말없이 공기를 주고받으며
든든한 품이 되고 곁이 되었다

비행기가 지나가고
기차가 지나가고
자동차가 지나가고

지나가는가 하면 다가오는
끝없이 이어지는
역전 원형 교차로 옆
땀에 젖은 잠투정만큼 힘들 때
아이의 놀이가 되어주는
사철 푸른 관음죽

그 푸른 잎이야
몇 개쯤 자르더라도
새순은 또 새로 날 것이다
희생과 돋아나는 사랑으로
벗이 되어주는 나무
느티나무를 흔드는
멀리서 불어오는 바람의 향기
푸른 그늘이 드리운다

아가야
오늘 네 벗이 된 나무와
사진 한 장을 찍어 두자꾸나.

흙이 된 나뭇잎

마른 나뭇잎을
잘게 부수며 놀던 아이는
할머니
이건 어디에 심어요
하고 물었다
응
화분에

씨앗을 심는다
나뭇잎을 심는다

잊은 듯이
며칠이 지나고……

할머니
왜 싹이 안나요
한다

…………

싹이
있었으면
마른 나뭇잎도
꿈이 있었겠지만

흙이 되는 일도
소중하다는 걸
어딘가에
새겨두었더란다.

어미자리별

하늘에는
큰곰자리별 있고
땅에는 어미자리별 있다
시작도 끝도 없이
제자리를 지키는
제자리별

어미를 기다리는 아이처럼
아이들을 기다리는
어미자리별

할머니
별 보여요
하늘을 가리키는 작은 손가락
그 끝에 돋아나는
제자리별.

은행나무

유치원 마당에 서 있는
큰 은행나무에 가을이 왔다
누에똥 같은 싹을 틔우더니
주렁주렁 푸른 열매를 맺었다가
어느새 바람과 함께
익은 은행을 떨어뜨리며
푸른 빛 다 어디로 갔는지
노랗게 물들었다

아이를 기다리며
햇빛과 나무 아래 서 있다
한 해 또 한 해
아이가 자란 만큼
큰 나무는 아무도 모르게
키 컸으리라
아이들의 어린 시절
뛰놀던 발자국 소리
나무는 나이테 속에 간직하겠지
먼 후일

아이들 어른이 되어 찾아오거든
큰 은행나무 한 그루
오래오래
여기에 있어주었으면
세상이 변하고 바뀐다 해도
변함없이……

품이 넓은
큰 사람이 되어라
뛰어노는 아이들 지켜 서 있는
큰 은행나무
햇빛 가득한 가을이 눈부시다.

음악을 들으며

낮잠이 든 아기 곁에서
더위를 이기려
차 한 잔을 마신다

기차, 비행기
자동차 소리도 들리고
길을 넓히려
아스팔트를 걷어내는
기계소리도 들리고

길 건너 환풍기 가게
양철 두드리는 소리도
간간히 들린다

많은 소리를 거느리는
낮은 음악의 울타리 안에서
아기가 잔다

바람을 막으려고

바닷가에 소나무를 심고
그 나무가 자라서
아름드리 푸른 풍경이 되듯이

소리를 막으려고
음악을 들으며
아가의 마음에 한아름
음악도 자라나라

아기의 잠결에
음악을 켠다.

2부

그리운 날의 섬

서리가 내린다는 상강 지나 늦은 가을인데
제주도는 아직 억새꽃이 한창이다 지나는 길가
귤나무도 아직 노랗게 가지를 늘어뜨리고 있다
해풍은 보리수 꽃향기로 더 향긋하고
해풍에 실려오는 바다 저쪽 그리운 날의 섬
가을이 다가도록 못다 진 꽃잎이 지고 나면
푸른 가지 사이로 알알이 보리수 열매는 맺히고
겨우내 해풍에 익어가리라
봄날 보릿고개에 맛보던 붉은 보리수의 단맛
해풍에 실려 오는 그리운 날의 섬.

어느 봄날의 추억

어느 봄날
그때 그 작은 손안에
한 움큼밖에
안 먹어본
왕보리수 붉은 열매를
봄뽈똥*이라 불렀는데
제주에 오니
길가에도
울타리에도
풋보리같이 푸른
열매가
겨울을 바라보고 있다
옹골찬
보리수의 다짐
또록또록 눈뜨고

남쪽이라지만

---

* 봄뽈똥 : 보리수나무의 열매를 가리키는 방언.

볼을 때리는 해풍도 있고
눈 내리는 날 있겠지만
잘 견디며
달디단 열매가 되기로 했단다

어느 봄날
그때 그 작은 손안에
한 움큼
봄뻘뚱 속에는
또 하나
다짐의 계절
겨울이 있었다.

보리수

보리수 넝쿨이
사립문 위에 푸른 아치를
이루었다
튼튼한 줄기만큼
뿌리도 깊어
제자리에 사는 나무를
울타리 삼아
뿌리깊이 살아온 사람들

낮은 초가
흙으로 다진 마당 가운데
지붕처럼 높이
푸른 담팔수 한 그루 서있다

어느 길손이 앉았던 자리일까
마루 끝에는
따뜻한 하늘 한 자락 드리우는
오래 전
내 고향에 왔던

제주 해녀들의 고향

고향에서 지고 온
좁쌀로 밥을 짓던 그날처럼
기장밥 노랗게 담은 양푼과
톳나물 무친 반찬을 얹은
저녁상
정지 문턱을 넘어
들고 나올 것만 같다

보리수나무가 사립을 지키고
그 넝쿨이
울타리가 되어 주는
낮은 초가
아궁이에 환하게
군불 지피고
도란도란 이야기 나누는
정지가 있는 집
흙빛 다정한 뜰을 걸으며

마음에도
정지淨地를 지어 가고 싶다.

문蚊섬

바다로 나간다
생업의 바다 가운데
이방인들이
유람선을 타고 바다로 간다
유람선 위에서
바다가 되는 사람들

해안은 점점 멀어지고
다가오는 작은 섬
문섬이다
모기도 섬이 되는
모기들의 섬

신비의 섬은
자연이 되고 풍경이 되어
파도 앞에 순응하며 떠있다

바람이 불어
섬을 에워싸고

하얗게 부서지는 파도
바위를 깎아내리는
조각가의
흰 손을 본다

물보라에 환호하며
사람들은
갑판 위에서 흔들리고

파도 앞에 묵묵히
자신을 추스르는 섬.

깃털

한 마리 공작이
지나가더니

젖은 잔디밭에
깃털 하나를 떨어뜨리고 갔다
가볍게

활짝
펼쳐 보이던 날갯짓
무겁고 오래된
시간 한 조각 떼어
무게를 덜며
한 마리 공작이 지나갔다
가볍게

아쉬운
그 어떤 여운
펼쳐 보이지 못할
욕망의 깃털 하나 버린다

깃털 하나의 무게를
덜며
깃털 하나로
영혼이
가벼워질 때까지.

물레바퀴

가지 마라
붙잡는 사람도 없이
가지 마라 붙잡을
사랑도 없이……

지나는 바람처럼
흐르는 물처럼

사라져 가는 것에 젖어 있고
보내야 하는 것으로부터
살아서
돌아가고 있다.

연주암 가는 길

죽지가 무너지도록
하늘을 거역할 수 없어서
큰 소나무는 끝내
부러진 가지를 드리우고

돌 한 점 없이
하얗게 드러나는 눈길
누가 이리도 고이 떠나는가
꽃잎 밟는 소리.

연주대

지난겨울에는
눈이 왔으니 관악산에 가자더니
올 겨울은
가자고 하는 날에 눈이 와서
올라갈수록 안갯속인데
연주대로 가는 길은
층층이 미끄러워
갈수록 아득하고
운해가 자리를 펴고 누워
내가 하늘에 닿았는데
앞서는 것은 절벽
돌아가는 길은 벼랑 아닌가
이 눈길, 얼음 바닥을 더듬어
사무친 그 무엇을 그리도 찾아
헤매더란 말인가
아직도 나는 죽음이 두려워서
이리도 떠는 것일까
사무치던 그 무엇은 다 어디로 갔을까
보이는 것은 구름바다

내가 걸어온 길
가파르다고 말하던 언덕에서
힘이 되어주던 그 외로움 다
어디로 갔을까
한 발, 한 걸음 내딛을 때마다
허우적거리며
난간 쇠붙이에 의지하듯이
나는 아직 홀로 서지 못하고
세상사 바람개비같이
살았던 것인지
얼음벽을 타고 내려
연주대에 서서
내가 이르는 곳
어딘지.

그리움

임을 내가
그리워하는 것은
임이
멀리 있어서가 아니라
내가 임을 멀리 두었기 때문입니다

만날 수 있고
이름 부른다 해도
그리움만큼
채울 수는 없습니다
임은
내가 지키지 못한 약속이 아니라
늘 거기에 있는
사랑이기 때문입니다.

주상절리대

소라껍질에 따라주는
해녀의 소주 한잔 달다며
모여 앉아
안주 한 접시를 나누고는
자신의 둘레에
금을 긋는다

돌기둥 하나
돌기둥 둘
기둥 사이로 틈을 두고
여기
이 틈만큼만 떨어져
닿지 않기를
둘레에 금을 긋는다

애틋한 마음의 강.

아침 안개

안개는
바다에 다 젖은 몸 일으켜

바람되어
무지개되어

높이 더 높이
빛을 향하여 날고 있다

자신을 지키는 것은
표면장력

더 작아지기의 힘이다.

달빛 유월 · 1

달이
방안에 들어와
등잔이 되었습니다

비가 내린 뒤
맑은 하늘에 떠 있는
열나흘 유월에
그만 눈이 시립니다

커피를 마시지만
술 한 잔이 나을 것을
이런 저녁에는
취하고 싶어집니다

늦어가는 저녁
그러나
나는 여기에 있습니다

늦은 저녁에 돌아오는
아이를 기다리며

여기에 있습니다

영랑을 읽다가
모란이 피기까지는……
하고 읽다가
눈물 고인 눈으로
달을 쳐다봅니다

아마도
기다려야 할 봄이
가버린 탓입니다
그리고 나는
여기에 있어야 합니다
없는 듯이 늘 여기에……

달이
다시
구름에 가리어
거기 있어도 보이지 않습니다.

달빛 유월 · 2

달빛이다
부르면
밝아오는 더 달빛

달이다
불을 끄니
달 하나 나 하나

부르면
달려오는
은빛 물결
파도소리

불을 끄면
흔들리는
바람소리
발자국 소리.

신록의 계절을 만나

잡았다가 놓아버린
그 가재가 사는 도랑 옆으로
좁은 길이 있고
길 좁다 하지만 사람들
그 길을 통하여 높은 산으로 간다
높은 산에 이르는 길은
언제나 좁고 한적하다
마침내 그 길로 산봉우리에 이른다

때때로 가파르고 발씨 사나운 길로
계절은 오고
보내는 사람의 뒷모습 같이
조용히 계절이 가고……
꽃이 피고 잎새 피어나 출렁인다
어느 한 날 그 길로 오는
신록의 계절을 만나
가던 길을 접고 그늘에 앉았더니
아득히 유년의 잠을 깨우는
소나기 소리 들려온다

한잠*을 자고 난 누에의 방
풀 비린내 비릿한
먼 기억 속의 잠을 흔들어 놓고
나비의 날개처럼 파닥이는 조각 볕
벌레 먹은 잎새마다
통과하는 빛살로도
고개 들면 눈이 부셔온다
벌레가 먹어도 잎새 또 피어나고
새들이 먹어도 벌레는
또 알에서 깨어나고

나비의 꿈이 자라고
새들이 둥지를 트는 산그늘
벌레 먹은 잎새의 밝은 그림자가
네 손등에 손을 포갠다
잃었다고 생각한 것은
모두 나누어 준 것이니……

---

* 한잠 : 누에의 넉 잠.

폭풍주의보 · 1

바닷가에 나온 사람들은
더 뭍으로 배를 끌어올리며
바다 얘기를 나누고 있다
아침 반찬거리를 잡아오리라던
희망은 사라지고
떠밀려온 잡동사니……
갈파래 파랗게 밀어올리며
부서지는 파도
파도가 친다
한 마리 큰물고기처럼 살아 있는 바다
더 없이 신선한 살아 있음의 몸부림
그 앞에 서 있다
바다를 흔들어 깨우고
제 소리에 놀란 파도
파도에 젖어
얼굴도
가슴도
물보라를 맞으며
폐부에 스며드는
내 어린 날의 피돌기.

폭풍주의보 · 2

폭풍우 지나간 바닷가
약속처럼 달려가는 아이들

찔피* 줄기를 주워
간간한 단물을 삼키며
넓은 자갈밭을 줄달음치던
아이들이 있었지

폭풍우 지나간 바닷가에는
바람의 선물
파도의 선물이
있었지

바다풀
간간한 단물을 삼키며
자갈밭에서 뛰어 놀던
아이들이 있었지.

---

* 찔피 : 잘피(표준어)의 방언.

하얀 해안선

밤새 내리던 비는 개고
안개는 바다에서 건진
끝자락을 끌고
바람처럼 푸른 산을
넘어가고 있다

눈부신 햇살은
먼 바다에 푸르고
물감을 부은 듯이 선명한
하얀 해안선

밧섬도 해금강도
손을 내미는 듯 반가운데
파도 높다 하고 배 없으니

흰 무명 수건 흔들어 주던
작별 인사같이
두고 가는 하얀 해안선

다음을 기약하고
돌아가는 길은 멀다.

돋보기

멀리 두어 잘 보이는 것에
고마워하자
마음에 두어
마음 시린 사랑
있었다면
멀리 보내자
멀어도 빛나는 별이 되게
마음에 두어
마음 아픈 원망
있었다면
멀리
멀리 보내자
저 멀리
더 빛나는 별이 되게
멀리 두어 빛나는
사랑이 되게

어두운 마음에
찾아오는
별빛이 되게.

백두산 가는 길 · 1

차창 밖으로
자작나무 하얀 숲이 보이고
비가 내리고
안개가 흐르고……

언뜻
동물원에서 본
백두산 흰 호랑이
닮은 산빛

사람들의 가슴 속에
체념하며 묻어둔 이름
백두산
그 아득한 동경의 숲
바로 여기에……

백두산 호랑이
빛나는 눈시울
겹겹이 싼 그리움

펼쳐도 좋을 것을

버스에 몸을 싣고
마음으로만 내닫는 산길
어미 호랑이가
새끼를 데리고
걸어갈
숲속의 자유
바로 여기에……

하얀 나무둥치 사이로
하얀 길을 내고
숲속 안개 되어
흐르는
평화여.

백두산 가는 길 · 2

맑은 하늘 아래
눈이 쌓여 더 하얀 백두산
오월의 끝에서 햇빛이 눈부시고
얼음 가득한 천지에도
봄은 오겠지요

내일의 봄
유월에 오는 봄도
백두산에서는 봄이겠지요

어제 천지에 불던 바람도 자고
오늘은 백두산에서 굽어보는 天地
한아름 감싸 안은
포근한 햇빛
봄이겠지요

진눈개비를 맞으며 걷고
얼음뿐인 천지에 다가서서
자욱한 안개 사이로

부끄러이 열리는 천지를 보던 일이
어느새 그리운 것은
백두산에
봄이 오는 까닭이겠지요

드맑은 하늘 아래
눈이 쌓여 더 하얀 백두산
오월의 끝에서 햇빛이 눈부시고
얼음 가득한 천지에도
봄은 오겠지요

내일의 봄
유월에 오는 봄도
백두산에서는 봄이겠지요.

백두산 가는 길 · 3

– 천지

천지를 보셨어요
공항의 직원들이 묻는다
보내는 이들의 인사에

어제는 맑아서 잘 보았다며
고개를 끄덕이며 웃어 주고

천지를 보셨어요
개표구 앞에 줄을 서며
여정을 마치고 돌아가는
젊은 부부에게도
어제는 맑아서 잘 보았다며
고개를 끄덕이며 웃어 주고

다시는 볼 수 없을 듯……
눈 천지 얼음 천지
가슴 시리다

말하지 않아도

물어오는 사람들은
먼저 말하고 있다
이름만으로도 가슴 시린
천지天地

천지를 보았어요
잃었던 동행을 찾은 듯이
반가운 인사를 나눈다

눈 천지
얼음 천지
가슴 시린 땅
섬이 되어
떠 있는 天地.

3부

봄낭이*

지나온 날은
이불 한 채 못다 덮은 세월입니다

봄낭이 낳아서
솜을 싸 넣어주신
이불 한 채
못다 덮을 세월입니다

오늘도
이불 홑청이며 내공에도
풀국을 먹여 널고
손다듬이해서 널었다가
이불을 꿰맸습니다

가늘게 뽑은 실을
물레 가락에 감으시던
할머니의 물레소리

---

* 봄낭이 : 봄에 짠 무명.

날줄은 날아서
도투마리에 감아
바디에 꿰고
씨줄 실꾸리 북에 넣어
한 올 한 올
무명을 짜 올리시던
어머니의 베틀소리
듣습니다

솜을 다독이듯
함께 넣으신
어머니의 세월로
산그늘지는 저녁 꿈을
덮습니다.

베란다에 피는 꽃

십여 년 함께 해 온 정담을 나눈다

겨울을 지내고
햇빛이 조금씩
밖으로 물러난 어느 날

촉마다 꽃대를 올리고
보라색 작은 별꽃이 피었다

문을 열고 있으면
그윽한 향기
어찌 저 작은 꽃에서이랴
봄을 전하는 지기와도 같은 꽃

저리도 작아져서야
어찌 향기로울 줄 알았을까

베란다의 꽃
너보다 낫다고
나 어찌 말할 수 있을까.

산나리

산에서 피는 꽃이라면 될 것을
혼자 피었다가
혼자서 지는 산꽃이면 될 것을

본 듯 만 듯
산 속에 두고 온
아껴서 두고 온
산나리

산에서 피는 꽃이라면 될 것을

기다림은 왜이며
안타까움은 왜일까

제자리에 피는 꽃
산에서 피는 꽃이라면 될 것을.

나팔꽃 그림자

세월이 흐르고
많은 것을 잊고 살았다

만나지 못한 날은 얼마인지
오랜만에 전화를 받는다

기억 속에서
오늘도 누군가
멀어져간다
아이들의 이름을 불어주던
귀에 익은 목소리

나팔꽃 넝쿨진 창틀
머물었던 곳마다
두고 온
나팔꽃 그림자.

낙숫물 소리 · 1

낮은 처마 끝에 풍채가 달린 집 마당에는 낙숫물 소리 들린다. 어머니와 이른 저녁을 먹는 날은 언제나 비가 왔다. 풍채 끝에서 떨어지는 낙숫물 소리 들으며 어머니와 이른 저녁을 먹는다.

낙숫물 소리 · 2

노랗게 퍼진 기장죽 한 공기 숭늉처럼 마신다. 불린 기장을 절구에 빻아 노랗게 죽을 쑤는 날은, 오가리솥에 따로 밥을 지어 아버지의 밥상을 차리고도 한가했다. 어머니와 등불 없이 저녁을 먹는 날은 낙숫물소리가 축담을 적시고, 할아버지, 할머니의 흰 고무신이 마루 밑에서 비를 피하고 있었다.

섬초롱

이름만으로도
섬 그립다

누가 널 위해
불을 꺼 줄 것인가
별빛을 당겨
불을 켜 줄 것인가

이름만으로도
밝은
초롱꽃

고향집
처마에 걸린
삼베로 배접한
할머니의 튼 손으로 만든
종이 초롱같이

벼랑 끝에서

별을 가리키는
손짓이더니.

해송

눈 감아도 보이는
고향입니다

여름엔 바다에서
시원한 바람
겨울엔
바다에서 따듯한 바람

해풍에 젖어 피는
푸른 소나무

솔잎 끝에 손 얹으면
온몸에
바다의 전율이 흐르는 곳

눈 감고도 가는
고향입니다.

고향 가는 사람들

아침 햇살로
목을 적시고
바다에 눈을 씻었습니다
밤기차는
아침 뱃머리에
사람들을 풀었습니다
아직 고향은 저 건너 있는데
마주보는 얼굴이
모두 고향입니다
부르는 목소리
모두 고향입니다.

고향집

물끄러미
고향집을 향하여
섰다가 간다

고갯마루에 서면 들리던
아버지의 방앗간
늦은 방앗소리도
오늘은 들리지 않는다

마루 끝에 앉으면
담장 너머 보이는 밧섬

오늘은 밧섬에서
물끄러미 고향집 향하여 서 있다

그냥 이렇게
지나쳐가는 아쉬움

그리운 것은
다가올수록 멀다.

해당화

입하, 소만
망종도 지나
초여름
유월 햇볕 뜨거운 날
청량한 바람에 겨워 풍차가 돌고
초여름 볕에 겨워
해당화 붉게 피던 날

사람아
그리운 섬을 품어
젊은 피부가 붉게 타도록
걸어도
걸어도 좋으냐.

술과 어머니

문동 저수지에서
점심때가 되어
삼거리에서 받아온
막걸리 한 잔을 놓고 보니
삼거리는 어머니에게
태어나 열아홉 되도록 사시던
친정이어서
어머니 생각에
술 한 잔을 비웁니다

어머니의 친정
어린 날의 추억이 깃든
외가가 지척인데
저는 이방인처럼
겉돌아 가고 있습니다

통밀 맷돌에 갈아서
쑥잎 얹어
삼베 보자기에 누룩을 딛고

그 누룩 띄워서 술을 담고
항아리 넘치게
술 익는 소리

어머니의 힘든 세상이
오늘은 아름답게도 그립습니다
그리워서 제가 취하고 말았습니다.

백일홍

누구를 기다렸을까
백일
또 백일을
등불처럼 밝히고
지우지 못할 꽃잎을
끊임없이
피어 올리며
제자리
몇 해를 거듭
또
거듭 피어서
바람은 얼마나
붉었으며
꽃잎 질 때마다
땅은 얼마나 붉었을까
비스듬히
해를 거듭한
무게
그늘에 실려 있다

난 누구를 기다려
저리 곱게
살아질까.

번듯밭

번듯밭이라지만
밭보리 모자란 두 섬지기 땅
그 밭의 가을은 얼마나 넉넉했던가

다시 가을이 오고
흰 구름이 목화솜처럼 피어나고
그 뒤로 쪽빛 하늘이 샘처럼 뚫리면
아 가을은
얼마나 뜨거운 여름을 지나왔던가

조밭 매고 나서 콩밭
녹두, 팥, 메밀, 깨……
아랫목에 수수 세우고
수수 고랑 옆에 동부 심고
살 깊은 땅 이랑 지어 무씨 심고
고추 모 심고, 고구마 순 놓고
윗목에 목화씨 뿌리고……

여름살이* 적삼이 다 젖도록

젖어서 올이 나가도록
여름은 얼마나 뜨거웠던가

호미 살 먹여 깨꽃을 피우고
무성한 잎사귀 사이로 깨꽃이 지고
볕을 못 이겨 녹두알이 절로 튀고……

한 송이 두 송이 목화가 피고
목화 따다가
솜 타서 이불솜 놓고
햇솜 따습게 핫옷을 지으시던
어머니와 어머니의 어머니
한세상
또 한세상 가꾸시던
그 밭의 가을은 얼마나
따뜻했던가

그 밭의 가을은 얼마나 넉넉했던가.

---

* 여름살이 : 여름에 입는 베로 지은 홑옷.

각시붓꽃

메마른 산머리
그늘에서 피는
낮은 보라색 풀꽃

산 속에 피고 지는
이름 없는 꽃처럼
어느새
져버린 각시붓꽃처럼

원망도 후회도 없이
홀로 피멍 삭히던
아린 가슴의 어머니

둥굴레 방울방울
벼랑에 뿌린 눈물.

붉은 흙

붉은 흙
신발 무겁게 따라오던 길
아침에 눈 비비며 소 몰고 나가
산속에 풀어 놓고
오는 길에 아침 낯 씻던
맑은 도랑물이 흐르던 길
발에 익은 돌멩이
눈에 익은 물터 다 어디로
기름종이같이 번들거리는
길속에 묻힌 옛길 그리워
더디 더듬어 가고 싶은 길

조상들의 산소 지나서
부모님 상엿길 쉬어 가시던
마을이 내려다보이는 고갯마루
낮은 기와집 용마루
언뜻 보이고
일없이도 나와 서서 맞이해주고
가는 길 배웅하던 풀매거리 사람들

이제는 보이지 않는
고향 앞을 지나간다

자식에게
희망을 두신 부모님
크신 기대 다 무너지고
무심한 세월만 흐르고 말았다
고향 사람 만나서 무슨 말을 할까
아버지 이 길을 내실 때
쉬 오라 하셨는데
그 길 이리도
쉬 지나칠 줄이야

정 없이 살아온 세월을 탓하랴
정겨운 이름 하나 떠오르지 않는다
몇 밤이나 묵어가면 고향을 만날까
고향이 날 만났다 할까.

4부

백중

참깻잎 우려낸 물에
비녀머리 풀어 감으신
할머니 머리위로
보름달 떠 있고

불잉거락* 떠 담은
조선다리미
뜨거운 다림질
마주잡은
한아름 여름살이**

졸음이 쏟아지던
고단한 여름밤
거뭇거뭇 밀기울 섞인
밀 부꾸미
구수한 내음
연기처럼 퍼지고……

---

* 불잉거락 : 불잉걸-불이 이글이글하게 핀 숯덩이.
** 여름살이 : 여름에 입는 베로 지은 홑옷.

쌀

형님 곳간에 양식 들어갑니다
양식 가져가이소
저승 가실 때 지고 갈 양식이
한 섬이요 두 섬이요 석 섬이요

모탕에서 깎아 만든
나무 숟가락으로
쌀을 떠서 아버지의 입에 넣어주며
한 순갈 떠 넣으며 한 섬이 되고 두 섬이 되고……

아버지는 아우가 챙겨주신
그 양식으로 저승을 사시는지
아버지가 섬긴 조상들은 만나셨는지……

앓는 몸으로 농사를 지었던
마지막 가을을 담은 햅쌀은
아버지 방앗간에서 찧은 마지막 쌀이었다
햅쌀을 살 때마다
아버지의 마지막 농사로 보내주신

그 쌀을 생각한다

아무도 알아주는 이 없었던
엄격한 아버지의 마음속에 간직한
남모르는 희생을
부족한 이 詩에 담아두고 싶다

오늘도 햅쌀로 밥을 지으며
다 주고 가는 삶
쌀 석 섬의 의미
아버지의 유산으로 마음에 새긴다.

마애불상

밥 밑 보리쌀 설삶아
받은 물 그 온기로
감아 빗은 비녀 머리
쓸어올리며……

절벽강산
들여다보시던
눈 먼 우리 할머니의
거울.

상강 · 1

– 된서리

된서리 치는 밤도
지나고 보면
떨기마다
철드는 소리였습니다

가슴 서늘케 훑고 가는
세월 밖으로
무성히도
우거졌더니

서리 맞은 계절은
저리도 공손히 엎드리고

한해살이
풀뿌리에도
꽃빛 햇살이
이리도 사무치게
저며드는지요.

상강 · 2

– 산길

일어나기 버거운
등짐을 진 사람처럼
서리 맞은 칡넝쿨 덤불이
굽은 등을 말리고 있다

햇볕이 내려
더 젖어버린 어깨가
쓸쓸하다
무엇을 위해
저리도 굽죄어 살았던가
가슴의 꽃은 모두
뿌리가 되었구나

말없이 놓아버린
따뜻한 손이던가
조용히 지는 잎새

바람을 쪼아대는
텃새소리 듣는다.

상강 · 3

– 아버지

그 해 가을
햅쌀 한 가마니를
부쳐오셨을 때
쌀가마니를 채 헐기도 전에
염쌀 가득히
다물고 가신
아버지의 마지막 가을.

상강 · 4

– 돌감

잎새도 없이 오종종
돌감은 언제나 먹나

감보다 붉은
감잎만
나무 아래 뒹군다

오종종 돌감은
언제나 먹나

서리 오면 먹지.

상강 · 5

– 보리

늦은
가을 들판에
파랗게 싹트는 보리
무얼 먹고사나

수정같이 반짝이는
서리 먹고 살지

서리 먹고 자란 보리
누가 먹고 사나

여름 땡볕에
김 매고 나서
땀으로 세수한 사람들이
먹고 살지.

저녁 물터

온종일 불을 피우고
재만 남은 불터에
아이들이 불장난을 한다
잿불이 일다가
사그라지고

군고구마 묻으시던 할머니
흰 옷자락같이
저녁 물터에는
눈이 하얗게 쌓여 있다.

설날

흰 무명 두루마기
옥색 명주 안자락 여미며
절 올리시던 아버지
그 설날이 그립습니다

손수 해 입히시던
할머니
먼 길쌈의 길
낙이라 하시더니
흰머리 되도록
나는
할머니를
닮지 못했습니다

詩로써
책을 엮는다 한들
그 하얀 설날에 이르겠습니까
이르지 못함이
어찌 그뿐이겠습니까.

자장가

내 안에서
내 숨소리로 머물던 사람이
내 밖에서
다른 숨소리로 잠드는 저녁
가까이 있음이
이리도 허전할까

사랑아 태초에 너는
자장가였으리.

북해도

창문을 열고
바다 앞에 서 보니
흐린 하늘아래
갈매기가 날고 있다

눈은 하얗게 내리고
날갯짓조차 쓸쓸하다
늦었으니 이만 총총히
채 쓰지 못한 편지
다 담지 못한
마음 먼저 띄워
갈매기가 날고 있다

멀리
그리움이 있는 곳에
와 있으므로
창 밖에는 눈이 내리고
눈이 내리는 날에는
누구에겐가 편지를 쓰고

그리운 마음을 전하고 싶은
그런 날이다

지도책을 펴드는
아이 옆에
아이처럼 서성인다
하나 둘 돋아나는
오징어잡이 배 불빛
먼 길 끝에서
반가운
어머니의 눈시울같이
아린 수평선.

해금강

세월은 파도쳐 떠나고
동굴이 되어

빈 가슴엔 폭풍우

햇무리 걸린 하늘로
고개 들면

한 덩어리 눈물주머니

아버지의 집
아버지의 마을이 보인다.

밧섬* · 1

푸른 강보에 싸여
하얀 파도로 씻고 또 씻은 섬
깨끗한 것은 밧섬에 있고
그래서 밧섬은 밖에 있고
해산미역
한 단 길게 이고 오신 어머니
그 갯내 나는
보퉁이 풀어놓으실 제.

* 밧섬 : 옛말 밧긔(밖에)에서의 '밧'섬
밧섬 : 巨濟島에 딸린 섬(島)이름

밧섬 · 2

외도에 와서
너는 밧섬이야
옛 이름을 불러 주고 싶다

우린 서로 참 많이 변해서
그러나 나는 잊지 못하지
어머니가 밧섬 미역으로
날 키우셨다는 것을

그 깨끗한
수유授乳의
미역을 말린 바람은
미역국 속
그 붉은 홍합을 말린 바람은
아직도 그대로인 걸

사람들은 모르지
가장 깨끗한 것을 주려고
밖에 있다는 것을.

일고여덟 무날

바닷가에 한 달만 살아 보면
알게 되지요
일고여덟 무날 썰 때
보름사리

초여드레 조금(潮-) 물때 지나고
한 무날, 두 무날, … 일고여덟 무날
달이 밝은 보름 썰 때
보름사리

스무사흘 조금(潮-) 물때 지나고
한 무날, 두 무날, … 일고여덟 무날
그믐 썰 때
그믐사리

바닷가에 한 달만 살아보면
알게 되지요
보름사리
보름살이

아닌 거

일고여덟 무날
썰 때에는
아이도 어른도
왜 갯가에 가는지

소금 발 쓰린 까닭
알게 되지요.

5부

나무는

노을이 걸린
산허리에
둥지를 이고 서 있는
나무는
제 키만큼 자라는
산하나
가슴에 품어본다.

참꽃* · 1

바람결에 들려오는 봄의 소리
참꽃 피듯
마음의 잔가지마다
겨울눈 떠지길

숲속
낮은 나무로 서서
조각별 먹고 살았어도
봄이 오는 길목
그늘 없이 웃어주는
밝은 꽃이여.

---

* 참꽃 : 진달래.

참꽃 · 2

모래밭에 쓰러지는
파도 소리 같이
겨울나무 가지 사이로
스며드는 바람소리
날마다 다른
봄 오는 소리

봄이 오거든
참꽃이 갓 피는 봄 이대로
처음 꽃잎 맛보던 봄 이대로

바람도
꽃잎 위에
꽃으로 피는 산길
꽃을 지우는 것이
바람이 아님을
하루만 더 지금 이대로.

평지에 이르는 길

해발 오백사십 미터
하우고개
안주한 시간의 무게를 지고
산에 오른다

박해로부터
숨어 지내던 이들은
성지로 가는 길이란 작은 팻말 아래
아직도 숨소리 죽이고
산부추꽃 한 포기
보랏빛 이슬로 얼굴을 씻었다

내려가기가 더 힘들다는 산길
미끄러지면서
골짜기와 굽잇길 지나
평지에 이른다
산이 무너져 생기는 평지
무너지는 것은 평지가 된다……

얼마나 더 무너지면
평지가 될까
내 마음의 평지에 이를까
산마루는 어느새 하늘에 닿아있다.

쥐엄나무 열매

탕자의
쥐엄나무 열매같이
약을 주워 먹었다

기침에 듣는다고
목이 아프다고
몸이 쑤신다고
이 약 저 약을 먹었다

약한 걸로 드세요
나중을 생각해서……
나중은
내게 얼마일까

탕자의
쥐엄나무 열매 같이
약을 삼켰다

돌아갈
아버지의 집이 가깝다.

행운목

키가 너무 커버린
나무의 우듬지를 자르고
뜨거운 촛농을 부었다
여러 날이 지나고
새순이 나기 시작하더니
새순마다 모두 꽃대를 피웠다

긴 시간 하얀 꽃을 피워
향기롭던 봄
좋은 일이 있을 거라며
누가 내게 인사를 다 하더니
나무는
내게 희망을 주고
저만이 절망의 등걸로 서서
남향 햇빛을 거부한다
잎이 마르고
저 홀로 깊이 앓고 있다.

먼지를 재우며 · 1

먼지는 가라앉기 위해 얼마나 힘이 들까
사람이 무한한 높이의 별을 향하여
꿈꾸는 동안에도
먼지는 얼마나
가라앉기 위해서
애를 썼을까.

먼지를 재우며 · 2

먼지는 닿기 위해 얼마나 맴돌았을까
선반 위에도
책꽂이에도
수직 거울
유리벽에도
먼지가 뽀얗게 앉았다

먼지를 재우며
며칠이나 내가 잔 것일까
앓고 또 앓던……
열이 내리고
쌓인 먼지가
다독다독 나를 재운 것일까

햇빛에 뒤척이는 저 작은 먼지 속의 바람
으스스 내가 추웠다가
저 소리 없는 고요가
나를 따뜻하게 하지 않았을까

마른 잎이 쌓이는 계절
먼지를 재우며
쓴맛의 차라도 달게 마시고 싶다
힘없이 쓰러진 나에게 닿아서
먼지가 쌓이는 아침에.

창을 닦는 사람들

아파트 꼭대기에서
창을 닦아 내려오는 사람에게는
바깥이 안이고
안이 밖이 된다

안에서 창을 닦을 때
산과 하늘과 허공이 밖에 있듯이
나는 저들의 밖에 있다

산이 안이고
하늘이 안이고
허공이 안이고
열심히 안에서 창을 닦는다

그리고 나는
안이 깨끗한 세상을 들여다본다
가을 산과
가을 하늘과
가을 허공.

옷을 입으며

구겨진 옷
그냥 입기로 하자
구겨진 마음을 담은 것이니

구겨진 대로 옷을 입고
구겨진 마음 드러내 보이며
드러난 마음을 이야기하자.

백로 그 무렵

낮아질 무엇이
더 남았을까
Humus*
후무스라고 했다

죽은 낙엽
죽은 나무껍질에서도
살아있는 흙냄새를 맡으며

썩지 않아서 숨막히는 세상에
한줌 숨쉬는 흙으로 남아

아가야
너에게
거름이 되어 주리라
Humus
후무스라고 했다

---

* Humus : 흙 이라는 뜻(라틴어).

어디선가 가을꽃은 또 피어나고
파란 가을 하늘이 이슬 속에 고이는
백로 그 무렵.

남이 해 준 듯이

내일의 나
너를 위하여
오늘 나는 빈 그릇을 닦는다

오늘 할 일
내일로 미루지 말자

내일의
너를 위하여
비우고 또 비운 그릇을 닦는다

내일의
너에게 너 되어.

겨울 2005

김장이 끝났다
지난주에 스무 포기, 어제 또 스무 포기
절여 보내준 배추를 받아서 담고도 힘들다
먼 여행이라도 떠날 것처럼 겨울을 준비했다
씻고 잠시 눈 붙이고 아침이 되었다
설탕을 넣어 커피를 타고
밥솥에 밥이 끓을 동안 그 잠시
끓고 불 끄고 제 혼자 압력에 못 이겨 뜸들 때까지
마루에 들이치는 한줄기 긴 겨울 햇빛을
등에 받으며 앉는다
누가 해주고 갔을까 내 손이 내 딸이라 하던가
마루가 잘 정돈되어 있고 먼지도 없이 깨끗하다
이대로 한 열흘만 일없이 있고 싶다
나를 감싸안는 이 피로감 이대로
살아있음을 느끼게 해주는 무게와
살아서 움직이고 움직인 대가로 받은 하루치 곡식
됫박이 넘치게 덤 얹어 받은 무게같이 소중한
무게로 있고 싶다
차 한 잔의 뜨거움이 심장에서 떨리는 아침

준비를 마친 먼 여행을 꿈꾼다
앙상한 나무 가지가 걸린 겨울창가에 앉아
내 생의 첫날 밤
소한 추위에 언 밤 이야기 전설처럼 들으며
걷기도 하고 취하기도 하고
하루를 더 그렇게 살고
추억도 이제는 추억이 아닌 하얀 밤
눈이 꽃처럼 피어나서 달도 별도 눈부신 하얀 밤
하루만 더 하얗게 살고
너를 위해 준비한 시간의 피로감이 사라지기 전에
등에서 살아온 날의 무게가 아직 느껴질 때
먼 여행을 떠나야겠다
꿈을 꾼다.

겨울 내설악

훤히
들여다보이는 겨울 산맥

속없이 풀어놓은
네 고백

물은 그 자리에
얼고 말았다.

청계산 개구리

우수 경칩 지난 어느 날
청계사 가는 길을 걸었습니다.
개구리 소리가 들리고
무논 한 배미에 개구리를 풀어놓고
도시의 아이들이 자연 학습을 하고 있습니다
개구리들이 몸살을 앓는구나
저 개구리는 어디서 왔을까
그냥 지나쳐 갔습니다.
청계산 바람에 가슴을 씻고 돌아오는 길에
그 개구리가 청계산 개구리라는 것을
알았습니다
청계산 해충을 먹고사는
이로운 동물이라는 것을
겨울잠에서 깨어나
맑은 개울 건너 언덕을 넘어
자동차가 무수히 드나드는 신작로를 건너서
모태의 무논으로 돌아오는 개구리였습니다
개구리가 오는 길
다시 산으로 돌아가는 길은

생사의 갈림길이었습니다
자동차 바퀴에 깔려 죽은 개구리 시체가
배를 드러내고 있습니다

의인 한 사람만 있어도
세상을 멸하지 않으시는 하느님은
여기서 의인 한 사람을 발견하실 것입니다
아이들과
개구리 길 건너 주기를 하고 있는
젊은이를 보실 것입니다
무논 한 배미가 너무 좁게 느껴집니다
개구리가 울고 있습니다
개구리 소리를 듣고 자라는 아이들은
행복하고말고요
복잡한 도시의 우리 아이들을 생각합니다

청계산이 푸르게 살아있는 까닭을
더 큰소리로 말해도 좋을 것입니다
작은 개구리 한 마리에 대한 사랑으로부터
맑은 바람이 인다는 것이 새삼 놀라운 것은
정말 소중한 것은 아주 작은 것이며
맑은 마음으로만 볼 수 있다는 것입니다

걸어서 가는 만큼의 선물이 오늘은 너무 컸습니다
청계산 개구리가 울고 있습니다.

빈터

길 건너
빈터에 심은
해바라기와
익어가는 붉은 감나무와
감나무보다 낮은 기와집

맨발의 신부님이
눈을 쓸던
프란치스꼬 수도원 성당
종탑과 십자가
철길 저편 벼가 익어가는 논과
호수 같이 일렁이는
비닐하우스의 들판……

적막의 세 시간도
잠을 허락하지 않는
한길가 십이 층 아파트
멀리 보이는 풍경과
마루에 든 햇빛과

해바라기의 하늘과
고마움을 나누는
내 삶의
빈터.

매향리 가는 길

대포소리에 가슴 뚫린 사람들이
조각조각 탄피를 주워
그 뚫린 구멍을 막으려 해도 바람이 새는
쇳조각을 누더기처럼 껴입은
사람을 길가에 세운다
그 대포소리는 이제 이곳을 떠났다

한미 주둔군 협정에 맞섰던 젊은이들도
환경을 운운하며 드나들던 사람들도
이제 모두 발길을 끊었다
대포소리가 뚫고 간
구멍만 숭숭 뚫린 사람들은 남아서
쇳조각을 주워 모우고
구멍난 가슴을 깁고 있다

어제가 조금이었으니
초아흐레 한물 물때도 반가워
긴 장화를 신고 삽을 들고
갯벌로 나가는 사람들

낙지를 잡거나
아직 깊이 묻힌 탄피를 꺼내어
끌고 올지도 모른다

표적의 섬은 혼자 생각에 잠긴다.
내 탓이야, 내가 저들의
만만한 표적이 되지만 않았더라도
마구 대포를 쏘지 않았을 텐데……
잠시 뭍으로 온 섬은 이제야 말할 수 있다

바다 어귀에서 낚시를 하는 사람들
망둥이가 흔드는 바다를 들어올린다
하늘로 들어올린
작은 물고기의 저 빛나는 지느러미
살아 있는 바다
작은 갯마을의 평화를 낚으며
서서히 잊을 것이다

한미협정

그 어렵고 지루한
기억이 사라지도록……
쉿조각 누더기를 걸친 사람은
상처를 깁다가 철인哲人이 되어간다.

전망대

북쪽이 가장 가깝다는 태풍 전망대에 서서
철조망 사이로 불어오는 바람을 맞이한다

비무장지대에서 불어오는 바람에는
맑고 깨끗한 강물 흐르는 소리도 들어있겠지
연인의 눈빛이 저리도 맑겠는가
임진강 물빛은 멀리서도 맑게 느낄 수 있다
날마다 노루들이 목을 적시며 살아가겠지

저 남쪽 거제도 고향지기들이 와서
함께 북녘을 향하여 서 있다
노랗게 벼가 익은 들이 보이고
들판 너머 작은 마을이 보이고
북녘에서 가장 따뜻한 남쪽
곡창이 있는 곳인지도 모르지

멀리 되도록 멀리 눈에 담아두어야겠다
이럴 때 원시안이 온 것이 얼마나 다행인지
더 멀리 보아두고 눈에 들어온 곳에는

꼭 갈 수 있으리라 희망의 깃발도
하나씩 꽂아두어야지

비무장지대에서 불어오는 바람에는
가시덩굴 사이로 피어나는 찔레꽃 향기가 실려 있고
전투에 보낸 아들을 기다리던 어머니의 향기와
어머니, 아내, 누이를 부르다가
돌아오지 못한 젊은이들의 노래가
바람을 타고 밀려온다.

폭포 아래서

부서져
닿는 곳은 어딜까
갈망으로 이르는 곳 바다일까
다만 바다일까
전신의 힘으로 내닫는 물소리
마침내 이르는 곳은 어딜까
폭포 아래서 폭포가 된다
살아온 세월 한 고비에서
맞이하는 천제연 폭포
낭떠러지의 내 삶을 추스르고 있다
물길 따라
물길 닮아서
곤두박질 속으로 의연히 흐르다가
어느 수평의 넓이에 닿아
나를 껴안을 가슴이 되고 싶다
다 잊어주고 싶다.

피타고라스의 정리

직각삼각형의 빗금의 제곱은
다른 두 변의 제곱의 합과 같다

선한 끝은 있다고 사람들은 말한다
그리고 선한 끝이 있다고 믿는 사람들의
그 있다고 생각하는 끝을 찾아서
삶은 언제나 삼각형의 꼭지 점을
향하여 가고 있다
삼각형의 빗금을 기어오른다
때로는 서 있는 직각삼각형의
가파른 언덕이더라도
빗금의 제곱
그 허공을 믿는다
바보 같은 짓이다
선한 끝은 있을 것이고……
그것을 믿는다

생의 가파른 언덕에서
별과 수평선과

해안선과
만나는 정사각형의 넓이는 얼마일까
선한 끝은 있다고 믿고 살아가는
사람들에게 주어지는
쓰러진 십자가의 길의 제곱
x제곱의 값은.

담장

담장 위에
철조망을 치고 살면
여왕이 그 안에 산다고 해도
감옥이다

비둘기가 날고
큰 나뭇가지가
담장 밖으로
익은 과일을 드리운다 해도.

내일

잊은 듯 살다가
아껴둔
보물처럼
귀하게
꺼내 보고 싶다.

작품해설

▌작품 해설

자연의 수사학과 겸양의 시

- 최영희의 시세계

김 대 규 (시인)

최영희 시인은 이미 『정오와 날개』(1996)와 『푸른 스케치북』(1998)이라는 두 권의 시집을 간행한 바 있어, 이 『봄낳이』는 제3시집이다. 제2시집이 2년 만에 간행된 점에 비추어 제3시집은 15년만이라서 그간의 시적 변용에 대해 적지 않은 관심을 지니게 된다. 더구나 앞의 두 권의 시집에 해설을 썼던 당사자로서 또 평설을 하게 되는 그 관심이 남다를 수밖에 없다.

내가 두 권의 시집을 통해 인지한 최영희 시인의 시

적 특성들은 다채로운 바, 그것을 적시하자면 순수한 서정의 인생론, 색감 짙은 서경적 언어 감각, 탁월한 묘사적 표현력, 무소유의 행복 지향성, 모성애의 자애로움, 신성 지향의 고결한 정신감응, 고유명사의 다용성, 그리고 작아지기와 낮아지기 등인데, 이번 시집 역시 이들 시적 특성들이 더욱 심화된 가운데 몇 가지 새로운 심상이 가미되어 있음을 알게 되었다.

이러한 인식은 시나 시인이나 그렇게 눈에 나게 변성되는 것은 아니라는 사실을 강조하게 된다. 그런 가운데 나는 『봄낳이』의 3대 시적 모티브를 자연, 사람, 삶으로 설정하고, 최영희 시인의 시세계가 어떻게 심화·변성되었는지를 살피고자 한다.

Ⅰ. 자연의 수사법

최영희의 시의 요람은 자연이다. 자연으로 시작하여 자연으로 끝난다고 해도 과언이 아니다. 최영희의 자연 시들에는 일반적인 서경이나 전원성, 의인화와 비유법의 이미지들, 4계절의 서정, 그리고 꽃·바람·바다·나무·안개와 같은 구체적 대상으로 대표적인 '비'와 '별' 등이 특징적으로 나타나고 있다.

① 맨발의 신부님이
눈을 쓸던
프란치스꼬 수도원 성당
종탑과 십자가
철길 저편 벼가 익어가는 논과
호수같이 일렁이는
비닐하우스의 들판……

– 「빈터」에서

② 조밭 매고 나서 콩밭
녹두, 팥, 메밀, 깨…
아랫목에 수수 세우고
수수고랑 옆에 동부 심고
살 깊은 땅 이랑 지어 무씨 심고
고추 모 심고, 고구마 순 놓고
윗목에 목화씨 뿌리고……

– 「번듯밭」에서

③ 일어나기 버거운
등짐을 진 사람처럼
서리 맞은 칡넝쿨 덤불이
굽은 등을 말리고 있다

– 「상강 · 2」에서

④ 흰 무명수건 흔들어 주던
작별 인사 같이
두고 가는 하얀 해안선

– 「하얀 해안선」에서

①은 서경적, ②는 전원적, ③은 의인화, ④는 비유화된 자연들이다. 최영희의 시와 자연과의 관련성은 '봄낳이'라는 시집명이 대변해 주듯이, 시편들의 제목만 일별해도 즉시 드러난다. 몇 편을 제외하고서는 모두 자연과 유관한 제목들이다.

최영희의 시론을 쓸 경우, '자연'만을 다루어도 훌륭한 한 편의 글이 될 것이다. 그러나 중요한 것은 최영희의 자연은 자연 그 자체만 표현된 것이 아니라, '사람'이 반드시 관계하고 있다는 점이다. 위의 예시에서만도 그 점은 이미 드러나 있다.

또한 15년이나 지나서 간행되는 시집의 작품들이 거의 '자연화'되어 있다시피 한 것은 사람이 지순해질수록 자연과 동화되기 때문이라고 생각한다.

최영희의 자연들이 시화詩化될 수 있는 것은 말할 것도 없이 수사적(의인법, 비유법) 기능의 결과이다. 예컨대 "하얀/아기의 손을 닮은/반짝이는 하얀 별"(「귤꽃」), "한 마리 큰 물고기처럼 살아 있는 바다/더없이 신선한 살아 있음의 몸부림"(「폭풍주의보 · 1」), "훤히/들여다보이는 겨울 산맥//속없이 풀어 놓은/네 고백//물은 그 자리에/얼고 말았다"(「겨울 내설악」), "어느 수평의 넓이에 닿아/나를 껴안을 가슴이 되고 싶다/다 잊어주고 싶다"(「폭포 아래서」), "노을이 걸린

/산허리에/둥지를 이고 서있는/나무는/제 키만큼 자라는/산하나 가슴에 품어본다"(「나무는」), "산부추꽃 한 포기/보랏빛 이슬로 얼굴을 씻었다."(「평지에 이르는 길」) 등과 같은 시적 수사가 자연에 시격詩格을 부여하는 것이다.

① 영랑을 읽다가
모란이 피기까지는……
하고 읽다가
눈물 고인 눈으로
달을 쳐다봅니다

아마도
기다려야 할 봄이
가버린 탓입니다.

– 「달빛 유월 · 1」에서

② 초여름
유월 햇볕 뜨거운 날
청량한 바람에 겨워 풍차가 돌고
초여름 별에 겨워
해당화 붉게 피던 날

– 「해당화」에서

③ 품이 넓은
큰 사람이 되어라

뛰어노는 아이들 지켜 서 있는
큰 은행나무
햇빛 가득한 가을이 눈부시다
―「은행나무」에서

④ 김장이 끝났다
지난주에 스무 포기, 어제 또 스무 포기
절여 보내 준 배추를 받아서 담고도 힘들다
먼 여행이라도 떠날 것처럼 겨울을 준비했다
―「겨울 2005」에서

춘하추동은 자연 순환의 패러다임이다. 이에 따라 자연 만물의 생태가 변성한다. 위의 ①,②,③,④는 춘하추동의 순서대로의 예시다.

최영희의 춘하추동은 계절 감각의 특성보다 사람과 관계하는 특질을 지니고 있고, 계절들이 독자적으로 보다는 동시적으로 나타나는 특징이 엿보인다. 예를 들면 다음과 같은 경우들이다.

① 어느 봄날
그때 그 작은 손 안에
한 움큼
봄뽈똥 속에는
또 하나
다짐의 계절

겨울이 있었다.
—「어느 봄날의 추억」에서

바람결에 들려오는 봄의 소리
참꽃 피듯
마음의 잔가지마다
겨울눈 떠지길.
—「참꽃 · 1」에서

② 다시 가을이 오고
흰 구름이 목화솜처럼 피어나고
그 뒤로 쪽빛 하늘이 샘처럼 뚫리면
아 가을은
얼마나 뜨거운 여름을 지나왔던가
—「번듯밭」에서

③ 여름엔 바다에서
시원한 바람
겨울엔
바다에서 따듯한 바람
—「해송」에서

①은 봄 · 겨울, ②는 가을 · 여름, ③은 여름 · 겨울의 병행 예시들이다. 최영희의 계절 감각은 이렇듯 다면적이다.

이 시집 속에는 사계절에 따르는 다양한 자연계의

물상들이 등장한다. 바다, 나무, 꽃, 바람, 파도, 안개, 하늘, 햇볕, 눈 등등 이루 예거하기 힘들다. 이들 시를 유의해서 살피면, 자연 물상의 시어들 가운데서 최영희가 가장 선호하고 있는 대상이 '비'와 '별'임을 알 수 있다.

① 낮은 처마 끝에 풍채가 달린 집 마당에는 낙숫물 소리 들린다. 어머니와 이른 저녁을 먹는 날은 언제나 비가 왔다.

— 「낙숫물 소리 · 1」에서

비가 내린 뒤
맑은 하늘에 떠 있는
열나흘 유월에
그만 눈이 시립니다.

— 「달빛 유월 · 1」에서

② 마음에 두어
마음 시린 사람
있었다면
멀리 보내자
멀어도 빛나는 별이 되게

— 「돋보기」에서

생의 가파른 언덕에서

별과 수평선과
해안선과
만나는 정사각형의 넓이는 얼마일까
– 「피타고라스의 정리」에서

금방 알 수 있듯 ①은 '비', ②는 '별'의 예시들이다. 자료 정리를 해보면 이들도 역시 단순한 계절 감각의 분위기 조성의 시들보다는 사람의 삶에 관계되는 연동성을 띠고 있다. 그리고 '비'보다는 '별'에 시인의 마음이 더 경도되어 있음도 알게 된다. 다음의 예들은 모두 사람과 관계하고 있는 '별'들이다.

하늘에는
큰곰자리별이 있고
땅에는 어미자리별 있다
시작도 끝도 없이
제자리를 지키는
제자리별
– 「어미자리별」에서

먼지는 가라앉기 위해 얼마나 힘이 들까
사람이 무한한 높이의 별을 향하여
꿈꾸는 동안에도
먼지는 얼마나

가라앉기 위해서
애를 썼을까

— 「먼지를 재우며 · 1」에서

위의 '별시'에는 무한한 모성애의 항상성恒常性, 인성의 고귀함과 인간 존재의 보잘것없음이 대조적으로 표현되어 있다.

지금까지 나는 최영희 시인의 자연성을 다뤘는데, 이들 내용을 총괄하여 가장 시적으로 승화된 작품이 다름의 별시가 아닐까 한다.

꽃이 피었다

작은 손으로 가리키는
작은 별

하얀
아기의 손을 닮은
반짝이는
하얀 별

작은
별꽃이 피었다

추신

하얗게
꽃잎이 날리고
금귤 몇 개 익어간다.

—「귤꽃」 전문

II. 어머니의 어머니로서의 '할머니'

나는 위에서 최영희의 자연 시와 인간과의 관련성을 여러 차례 논의했다. 그리고 그것이 시인 자신의 사람됨과도 무관하지 않음을 지적한 바 있다. 그런 점들을 유의하면서 나는 이 항목에서 『봄낳이』에 등장하는 '사람들'에 대해 살펴보고자 한다.

먼저 전제하고자 하는 것은 여기서 말하는 '사람'이라는 어휘는 추상적인 인간의 의미가 아니고, 인간관계에서 구체적으로 호칭되는 할아버지, 할머니, 어머니, 아버지, 아이와 같은 친족성의 존재라는 점이다.

그 가운데서도 어머니 곧 모성애는 최영희 시세계의 소중한 축이다. 나는 그의 첫 시집의 마지막에서 "영원히 큰 존재로 남는 어머니에 대한 찬가는 모든 인류의 첫 번째 교과서이자 마지막의 교훈이 될 것이다."라고 썼고, 제2시집에서도 "나는 앞으로도 최영희 시인의 시세계는 불변하리라고 확신한다. 그것은 그가 변할 수

없는 사람이고, 모성애의 영원성이 그러하기 때문이다."라고 했다.

사용 횟수에 의한 자료에 의하면 할머니, 어머니에 비해 할아버지, 아버지의 호칭은 상대적으로 적다. 특히 '할아버지'라는 시어는 찾아보기 힘들다.

> 어머니와 등불 없이 저녁을 먹는 날은 낙숫물 소리가 축담을 적시고, 할아버지, 할머니의 흰 고무신이 마루 밑에서 비를 피하고 있었다.
>
> —「낙숫물 소리 · 2」에서

유일하다시피 거명되는 '할아버지' 호칭의 예시다. 그런데 이번 『봄낳이』에 등장하는 '아버지'는 "흰 무명 두루마기/옥색 명주 안자락 여미며/절 올리시던 아버지/그 설날이 그립습니다"(「설날」)처럼 그리움의 대상이기도 하지만, 그보다는 더 많은 '죽음'의 '아버지'가 된다.

> 탕자의
> 쥐엄나무 열매같이
> 약을 삼켰다
>
> 돌아갈

아버지의 집이 가깝다.

―「쥐엄나무 열매」에서

세월은 파도쳐 떠나고
동굴이 되어

빈 가슴엔 폭풍우

햇무리 걸린 하늘로
고개 들면

한 덩어리 눈물주머니

아버지의 집
아버지의 마을이 보인다.

―「해금강」 전문

그 해 가을
햅쌀 한 가마니를
부쳐오셨을 때
쌀가마니를 채 헐기도 전에
염쌀 가득히
다물고 가신
아버지의 마지막 가을.

―「상강 · 3 – 아버지」 전문

『봄낳이』 속에 얼마 되지 않는 '아버지' 호칭의 시

가 이렇듯 '죽음'과 직결되고 있는 것은 시인의 삶에서 강하게 각인된 아버지의 죽음 때문이 아닐까. 위에 거듭 등장하는 '아버지의 집'이나 '아버지의 마을'이 아버지 생존 시의 거처나 동네가 아닌 '유택幽宅'임은 자명해진다.

그러나 이 항목의 주안점은 '어머니'와 '할머니'에 대해 살피는 일이다. 먼저 '어머니'부터 보자.

솜을 다독이듯
함께 넣으신
어머니의 세월로
산그늘 지는 저녁 꿈을
덮습니다.

– 「봄날이」에서

산 속에 피고 지는
이름 없는 꽃처럼
어느새
져버린 각시붓꽃처럼
원망도 후회도 없이
홀로 피멍 삭히던
아린 가슴의 어머니

– 「각시붓꽃」에서

하나 둘 돋아나는
오징어잡이 배 불빛

먼 길 끝에서
반가운
어머니의 눈시울 같이
아린 수평선.

— 「북해도」에서

시적 화자는 이불을 덮고 잠을 자듯, 평생 세월을 어머니의 사랑의 이불을 덮고 잠을 잔다. 가없는 사랑, 모성애다. 그러나 그 어머니의 가슴은 '피멍'으로 아리고, 항상 수평선처럼 젖어있다.

그런데 제3시집 『봄낳이』에서는 사용 빈도에서뿐만 아니라 시적 기여에 있어서도 '어머니'보다 '할머니'가 앞선다. 예를 보자.

손수 해 입히시던
할머니
먼 길쌈의 길
낙이라 하시더니
흰 머리 되도록
나는
할머니를
닮지 못했습니다.

— 「설날」에서

참깻잎 우려낸 물에
비녀 머리 풀어 감으신

할머니 머리 위로
보름달 떠 있고

— 「백중」에서

고향집
처마에 걸린
삼베로 배접한
할머니의 튼 손으로 만든
종이 초롱같이

— 「섬초롱」에서

『봄낳이』에서 보면 할머니는 삶의 때와 장소를 가리지 않고, 자손들을 위해 손이 트도록 애쓰시는 모습으로 등장한다. 그러나 최영희의 '할머니'는 여기서 끝나는 게 아니다. 거기에는 무엇보다도 자신 역시 '흰머리 되도록' 나이는 들었지만, 환언하면 할머니가 되었지만 자신의 "할머니를/닮지 못했습니다"라는 자탄이 개입된다. 호칭에서는 동일하지만 그 자질에서는 동일하지 못하다는 자괴감이다.

그렇다. 지난 15년간, 제3시집을 마련해오던 그 세월에 최영희는 언필칭 '할머니'로 불리는 인생의 전환기를 보낸 것이다. 과거에는 쉽게 볼 수 없던 '외손자, 아이'라는 시어들이 곳곳에 나타나 보인다.

나무가 있는 길
어린 외손자의
걸음마를 따라서
걸어가고 있다

뿌리 내리려 애쓰는
나무 사이로.

— 「나무가 있는 길 · 1」에서

마른 나뭇잎을
잘게 부수며 놀던 아이는
할머니
이건 어디에 심어요
하고 물었다
응
화분에

— 「흙이 된 나뭇잎」에서

할머니
이젠 안 매워

외손자가 떠다주는
물 한 컵
내 안에
맑은 물소리.

— 「물」에서

위의 할머니는 최영희의 할머니가 아니라 아이(외손자)의 할머니, 곧 시인 자신이다. 그 아이와 함께 하면서 시인 할머니는 "뿌리를 내리려 애쓰는/나무"를 생각하고, 가슴 속에서 '맑은 물소리'를 듣는 것이다. 새 생명에의 희망에 찬 존재감이다.

이제 '할머니'에 마지막 남은 관점이 하나 있다. 그것은 '할머니'라는 말 속에는 이미 '어머니'라는 함의도 깃들어있다는 것이다.

> 한 송이 두 송이 목화가 피고
> 목화 따다가
> 솜 타서 이불솜 놓고
> 햇솜 따습게 핫옷을 지으시던
> 어머니와 어머니의 어머니
>
> –「번듯밭」에서

그렇다. 할머니는 '어머니의 어머니'인 것이다. 자기 자식과 그 자식의 자식에게까지 사랑을 베푸는 어머니의 어머니인 것이다. 이는 내게 있어 모성애의 강조 화법으로 받아들여진다.

> 가늘게 뽑은 실을
> 물레 가락에 감으시던
> 할머니의 물레소리

날줄은 날아서
도투마리에 감아
바디에 꿰고
씨줄 실꾸리 북에 넣어
한 올 한 올
무명을 짜 올리시던
어머니의 베틀소리
듣습니다

– 「봄날이」에서

어미를 기다리는 아이처럼
아이들을 기다리는
어미자리별

할머니
별 보여요
하늘을 가리키는 작은 손가락
그 끝에 돋아나는
제자리별.

– 「어미자리별」에서

첫 번째 예시에서는 할머니에 오버랩 되는 어머니가 보이고, 두 번째에서는 아이, 어머니, 할머니가 삼위일체로 합성되는 사람의 정형태가 보인다. 할머니와 아이의 사랑은 언제나 어머니, 곧 모성애가 견인한다. 그 모성애는 역시 최영희의 불변하는 시적 테마인 것이다.

Ⅲ. 겸양의 시법

우리는 지금까지 최영희의 시 세계에서 자연애와 인간애가 어떻게 구현되고 있는가에 대해 살폈다. 그리고 그것이 자연 동화와 모성애로 귀결되고 있음을 보았다. 이제 우리는 그렇듯 자연 동화와 모성애로 이루어진 시인의 삶은 과연 어떤 부면으로 경도되고 있을까에 대해 알아볼 차례다.

그런데 나는 최영희의 제1, 제2시집 해설에서 이 부분과 관련하여 '작아지기' 또는 '낮아지기'라는 용어로 '겸허의 시학'을 이미 거론한 바 있다. 그리고 제3시집의 시편들을 두루 살핌에 있어, 바로 그 '작아지기와 낮아지기'의 겸허함들이 곳곳에 내포되어 있음을 보고, 모성애의 경우에서처럼 불변하는 인성의 겸양을 최영희의 삶의 중심축으로 살피게 되는 것이다.

다만 그간의 세월의 부피만큼이나 시인의 겸양의 삶도 깊고 넓게 구현되어 있음에 인용의 분량도 다소 길어지겠다.

① 지나온 날은
이불 한 채 못 다 덮은 세월입니다.

– 「봄날이」에서

노랗게 퍼진 기장죽 한 공기 숭늉처럼 마신다.
불린 기장을 절구에 빻아 노랗게 죽을 쑤는 날
은, 오가리솥에 따로 밥을 지어 아버지의 밥상
을 차리고도 한가했다.

–「낙숫물 소리. 2」에서

② 詩로써
책을 엮는다 한들
그 하얀 설날에 이르겠습니까
이르지 못함이
어찌 그뿐이겠습니까.

–「설날」에서

③ 벌레 먹은 잎새의 밝은 그림자가
네 손등에 손을 포갠다
잃었다고 생각한 것은
모두 나누어 준 것이니……

–「신록의 계절을 만나」에서

④ 숲속
낮은 나무로 서서
조각 별 먹고 살았어도
봄이 오는 길목
그늘 없이 웃어주는
밝은 꽃이여.

–「참꽃 · 1」에서

얼마나 더 무너지면

평지가 될까
내 마음의 평지에 이를까

– 「평지에 이르는 길」에서

⑤ 적막의 세 시간도
잠을 허락하지 않는
한길 가 십 이층 아파트
멀리 보이는 풍경과
마루에 든 햇빛과
해바라기의 하늘과
고마움을 나누는
내 삶의
빈터.

– 「빈터」에서

⑥ 오늘도 햅쌀로 밥을 지으며
다 주고 가는 삶
쌀 석 섬의 의미
아버지의 유산으로 마음에 새긴다.

– 「쌀」에서

⑦ 자신을 지키는 것은
표면장력

더 작아지기의 힘이다.

– 「아침 안개」에서

저리도 작아져서야
어찌 향기로울 줄 알았을까

베란다의 꽃
너보다 낫다고
나 어찌 말할 수 있을까.

– 「베란다에 피는 꽃」에서

⑧ 내일의
너를 위하여
비우고 또 비운 그릇을 닦는다.

– 「남이 해 준 듯이」에서

⑨ 마음 아픈 원망
있었다면
멀리
멀리 보내자
저 멀리
더 빛나는 별이 되게
멀리 두어 빛나는
사랑이 되게

– 「돋보기」에서

⑩ 아쉬운
그 어떤 여운
펼쳐 보이지 못할
욕망의 깃털 하나 버린다

깃털 하나의 무게를
덜며

깃털 하나로
영혼이
가벼워질 때까지.

―「깃털」에서

의도한 자료 정리는 아닌데 10개항으로 나뉘었다. 그 속성으로 구분을 하면 ①은 겸소함, ②는 부족함, ③은 나눔, ④는 낮춤, ⑤는 안분安分, ⑥은 다 주기, ⑦은 작아지기, ⑧은 비우기, ⑨는 멀리하기, ⑩은 버리기라 하겠다. 겸양의 삶을 이루는 세부 조건들의 리스트이다.

중요한 것은 이들 대부분이 '자연'에서 깨우친 삶의 진실이라는 사실이다. 시인은 '백일홍'을 두고서도 "비스듬히/해를 거듭한/무게/그늘에 실려 있다/난 누구를 기다려/저리 곱게/살아질까"라고 노래한다. '사라질까'가 아니라, '살아가게 될까'라는 의문이다.

그런가 하면 "먼지는 가라앉기 위해 얼마나 힘이 들까/사람이 무한한 높이의 별을 향하여/꿈꾸는 동안에도/먼지는 얼마나/가라앉기 위해서/애를 썼을까"(「먼지를 재우며 · 1」)라고 읊조리며, "등에서 살아온 날의 무게가 아직 느껴질 때/면 여행을 떠나야겠다/꿈을 꾼다"(「겨울 2005」)고 되뇌고 있다. '먼지'의 무게까지도 의식하는 깨끗이 닦여진 빈 마음에서, 자신의 삶의 무게가 느껴질 때는 세상을 떠나는 '먼 여행'을 꿈꾸는 것이다. 세심洗心·細心의 극치다.

한 가지만 더 첨언하겠다. 그것은 『봄낳이』 속의 시들에 '하얀'이라는 백색 색상이 끊임없이 등장한다는 점이다. 제2시집에서는 '푸른', '붉은'과 함께 감성의 삼원색을 이루었었는데, 이제는 머리가 희어진 것처럼 '하얀'이 주도하고 있다.

이에 대해서는 시구詩句를 인용하는 대신 시어 수식의 예로 대치하겠다. '흰 무명', '흰 머리', '하얀 설날', '흰 구름', '흰 고무신', '하얀 해안선', '흰 무명 수건', '하얀 나무둥치', '하얀 길', '하얀 백두산', '하얀 아기 손', '하얀 별', '하얗게/꽃잎이 날리고', '눈은 하얗게 내리고', '하루만 더 하얗게 살고', '하얀 파도', '하얗게 드러나는 눈길', '하얀 꽃' 등, 백색 일색의 자연이다.

여기에는 '노년'의 인생론적인 무의식성이 작용했다고 여겨지는데, 거기에 깨끗한 마음, 씻고 닦은 마음, 정갈함, 죄 없음, 가벼움, 어리고 약함, 순결함 등의 삶의 질감이 인간화될 때 그 의미가 더욱 부각되는 것이리라.

이 『봄낳이』에는 지금까지 살핀 바의 자연, 사람, 삶 이외의 논급 대상으로 토속어의 정감이나 다소간의 현실 비판적인 실향의식 같은 소재들이 있다. 그러나 그 중요성의 함량에서 자세한 설명은 접어두겠다.

나는 항상 시와 삶과 사람이 삼위일체로 어우러진 사람을 가장 이상적인 시인으로 기리고 있다. 이 글을 쓰면서 최영희 시인이 이에 부응하는 세월을 보내고 있음을 재삼 확인하게 되었다.

시인의 말

"임금을 사랑하고 나라를 근심하지 않으면 그것은 시가 아니다. 아름다운 것을 아름답다고 하고 미운 것을 밉다고 하며, 착함을 권장하고 악함을 징계하지 않으면 그것은 시가 아니다."

시인詩人 두보杜甫의 이 말은 나의 시는 詩다운 시인가 반성하게 한다.

시집은 많지만 시집을 읽는 사람은 많지 않은 세상에 또 한 권의 책을 보탤 뿐 기대 효과를 말하기는 사실 어렵다. 다만 옛 어른들이 농사일 틈틈이 길쌈을 하셨듯이 그 소중한 노동을 생각하며 시를 쓰고 있을 뿐이다.

할머니는 자신의 일은 늘 보잘것없는 일이라 여기셨다. 할머니가 하시는 일은 눈으로 보면 할 수 있는 쉬운 일이니 굳이 배우려고 애쓸 것 없다 하시고, 남의 마음에서 나오는 글을 읽으니 손녀가 하는 글공부가 제일이라 손녀를 격려하시던 말씀을 생각한다. 봄이 오면 무명과 명주와 모시를 날아서 베틀에 올리고 한 필, 두 필 베를 짜듯이 시를 모아 시집을 준비해본다.

길쌈거리 모시풀은 밭가 귀퉁이 땅에서 자라고, 무명이 되는 목화도 윗목 척박한 땅에서 난다. 누에치기의 뽕나무도 뜨락에 두어 그루 심어서 모자라면 산에서 산뽕이라도 따다 먹이면 된다. 집안일과 농사일에 지장이 가지 않을 만큼 농한기에 해야 한다. 여인들이 틈틈이 지혜를 모아 시간을 이어두는 길쌈을 했던 것이다. 옷감이 흔하지 않았지만 그만하면 넉넉히 사철 입고 살았다.

길쌈이 그러하듯이 여인에게 詩를 쓰는 일 또한 집안일 틈틈이 척박한 마음의 땅을 갈아엎으며 길을 찾아나서고, 길을 찾지 못하고 헤맬지언정 밤을 밝히기도 하는 것이다. 길쌈 솜씨를 이어받았더라면 밤새 삼은 모시가 몇 사리이며 자아올린 명주가 몇 타래겠는가. 조건 없이 가족을 위해 헌신한 무궁무진한 노동의 흔적은 이제 아련한 그리움일 뿐이다. 길쌈으로 지으신 옷을 입고 차례를 지내던 일, 하얀 두루마기 차림으로 나란히 산소에 가는 풍경을 보는 일도 모두 그리움이 되었다.

자연에 순응하며 정직하게 살다 가신 부모님의 정성에 보답할 길이 없어 부족하나마 시를 짓고, 책을 묶으려 애쓰는지도 모르겠다. 열심히 살았지만 삶은 세월 앞에 초라하고, 상처 받은 영혼은 남루하다. 그러나 한때 부모님께는 자랑이던 시절이 있었다는 것을 기억하며 스스로 행복을 찾는 계기로 삼고 싶다.

원고지에 펜글씨로 긴 해설을 써 주신 시인 김대규 선생님께 감사와 존경을 드린다. 선생님과의 인연은 1988년 안양으로 이사해 살고 있을 때 친구를 통해 안양 여성문인들의 모임에서 처음 뵙게 되었다. 현직에 계실 때 소회의실을 개방해 문학 동인이 만나는 공간을 제공해주시고, 1991년 출간된 동인지 『우리의 눈물이 풀잎 하나 적시지 못할지라도』 출간 비용 전액을 선생님의 저서 『사랑의 팡세』 인세로 지원해주셨다. 문학을 사랑한 까닭에 문학의 길을 가는 후배들에게 등대가 되어주시는 분이라 생각한다.

지원을 아끼지 않으시고, 또한 귀한 시간을 할애해 주시는 선생님을 지금은 평촌도서관에서 한 달에 한번

될 수 있다. 니체, 프로이트, 보들레르, 랭보, 버지니아 울프, 장 그르니에, 김소월…. 수많은 작가와 그들의 철학과 인생에 관한 것을 선생님을 통해 쉽게 접할 수 있었던 것이 시인이 되는데 큰 도움이 되었다고 할 수 있다. 文人들을 同人으로 만나고, 25년여 동안 선생님의 강의를 들을 수 있으니 더욱 감사한 일이다.

옛 제자의 시에 청출어람青出於藍이라 격려의 글월을 보내주신 은사님께도 감사와 존경을 드린다. 시인詩人이기에 앞서 바르게 살아야한다는 말씀을 다시 한 번 마음에 새기며, 시집을 기다려 준 同人들과 많은 고마운 분들, 사랑하는 가족과 함께 기쁨을 나누고 싶다.

끝으로 시집詩集을 낼 수 있도록 지원해 주신 수원시와 수원문화재단에 감사드리며 '신아출판사'와 『좋은수필』 편집국장 정선모 수필가님께 감사드린다.

2013. 9월에

최영희

최영희 제3시집

봄낳이

초판인쇄 2013년 9월 15일
초판발행 2013년 9월 25일

지은이 최 영 희
발행인 서 정 환
발행처 신아출판사

출판등록 1984년 8월 17일 제28호
주소 전주시 완산구 공북1길 16(태평동 251-30)
전화 (063) 275-4000, 252-5633
팩스 (063) 274-3131
E-mail sina321@hanmail.net, shina321@chol.com

값 8,000원

ISBN 978-89-98524-99-9 03810

이 도서의 국립중앙도서관 출판시도서목록(CIP)은 서지정보유통지원시스템 홈페이지(http://seoji.nl.go.kr)와 국가자료공동목록시스템(http://www.nl.go.kr/kolisnet)에서 이용하실 수 있습니다.(CIP제어번호: CIP2013017717)

· 이 책은 수원시와 수원문화재단의 발전기금을 지원받아 발간되었습니다.